zen-on piano library

SAINT-SAËNS

"LE CARNAVAL DES ANIMAUX" for Piano Solo

サン=サーンス　動物の謝肉祭

Arrangement for Piano by Makoto Goto

全音楽譜出版社

目 次

LE CARNAVAL DES ANIMAUX
Grand Fantaisie Zoologique
《動物の謝肉祭》

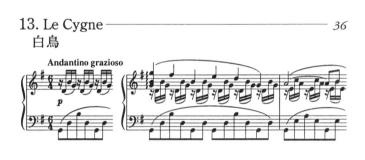

Cecile Camille Saint-Saëns (1835-1921)

◎ 解説　　　　　　　　　　後藤 丹

●作曲者について

　作曲者のサン・サーンスは1835年にパリで生まれました。幼年時にはモーツァルトのような神童ぶりを発揮し、3歳でピアノを達者に弾き、5歳で作曲を開始したと伝えられています。10歳でベートーヴェンの協奏曲第3番などでピアニストとして公式にデビュー、13歳でパリ音楽院に入学し、長じて作曲家、オルガニスト、ピアニストとして国内外で活躍しました。作品では、オペラ《サムソンとデリラ》、交響曲第3番《オルガン付き》、ヴァイオリンとオーケストラのための《序奏とロンド・カプリチオーソ》、いくつかのピアノ協奏曲とヴァイオリン協奏曲などが現在でもしばしば演奏されます。1871年にフランクやラロなどとともに国民音楽協会を設立し、近代フランス音楽発展の基礎を作ったことも大きな功績とされています。録音が残っていて、サン・サーンス晩年の自作ピアノ演奏を聴くことができますが、非常に生き生きとした弾きぶりです。1921年、86歳で旅先のアルジェの病院において他界しました。

　サン・サーンスは古典や数学、天文学、哲学、考古学などにも通じ、詩や戯曲も書く優れた教養人でした。また旅行家としても知られ、ヨーロッパ全土のほかアフリカ、アメリカ、アジアにも足をのばしています。

　同世代の作曲家として、ウィーンを本拠地とした2歳上のブラームス、ロシア生まれで5歳下のチャイコフスキーを挙げることができます。同じくパリを中心として活躍した作曲家としては、ドリーブが1つ年少、若くして世を去ったビゼーは3つ年少でした。大先輩のベルリオーズやリストとは親交があり、深く尊敬しており、教え子であったフォーレとは生涯にわたって家族のように接していたようです。ただ、より新しい世代のドビュッシーやラヴェルの音楽には批判的だったと伝えられています。

●《動物の謝肉祭》作曲の経緯と初演など

　1886年、50歳のサン・サーンスはオーストリアの小都市クルディムに滞在していました。ちょうど謝肉祭の時期にあたり、友人のチェリスト、シャルル・ルブークの委嘱によりこの作品を書きました。3月6日に行わ

れた当地での初演では2台ピアノのうちの一方を作曲者自身が、チェロを依頼主のルブークが担当しています。

　原曲で用いられる楽器は、フルート1（終曲でピッコロに持ち替え）、クラリネット1、ピアノ2、ヴァイオリン2、ヴィオラ1、チェロ1、コントラバス1にグラス・ハーモニカと木琴が加わります。グラス・ハーモニカは今日ではチェレスタか鉄琴で代用される場合が多いようです。また、弦楽器の人数を増やすことも普通に行われています。

　ところで、謝肉祭をタイトルとする作品としては、ロベルト・シューマン（1810～1856）のピアノ曲が特に有名です。シューマンの《謝肉祭》には、道化師たちのほか、作曲者の分身とも言える人物や恋人、また、ショパン、パガニーニといった音楽家も登場して、幻想的で華やかな作品となっています。サン・サーンスも当然この作品を意識したと思われますが、彼の作品に登場するのはほとんどが動物たちで（例外は《ピアニスト》《化石》など）、さまざまな音楽の引用も含まれた、ユーモアと風刺とが色濃く漂う作品となっています。

　そんなせいもあってかサン・サーンスは生前《白鳥》以外の出版を許さず、全曲が公刊されたのは作曲者の没後のことでした。おそらく作曲者が興の湧くままに短期間に書き上げた作品と考えられますが、現在ではサン・サーンスの書いた全ての音楽の中でも最も親しまれるもののひとつとなっています。

●各曲について

第1曲　序奏とライオンの王の行進

　原曲の楽器編成は2台のピアノと弦楽5部。

　厳粛な12小節の序奏の後、ファンファーレが響き渡り、ユニゾンの旋律によってライオンの王が表現されます。半音階の上行と下行による「咆吼」の音型を何度もはさみながら、この8小節の旋律が全体で3回繰り返されます。

第2曲　めんどりとおんどり

　原曲はクラリネット、2台のピアノ、第1・第2ヴァイオリン、ヴィオラで演奏されます。

　フランス語の原題はめんどりもおんどりも複数形になっているので、理屈の上では4羽以上のにわとりが描写されていることになるでしょう。最後には1羽だけが鳴き続けます。

　サン・サーンスが好んだ18世紀フランスの作曲家ラ

モーの「クラヴサン曲集」の第2組曲に《めんどり》という曲があり、冒頭に出るテーマの音型がとてもよく似ています。この曲をもとに着想したと考えると、6小節目から高らかに鳴くのはおんどりということになりそうです。

ラモー作曲《めんどり》冒頭

第3曲　ラバ

　原曲は2台のピアノ。チベット産の野生ロバとも。「敏捷な動物たち」という副題が付けられています。

　最初から最後まで猛烈なスピードの16分音符で駆け抜けます。上下する音符の織りなす模様にもいかにも駆け回っている感じがよく出ています。

第4曲　かめ

　原曲はピアノ1台と弦楽5部。

　左手に出る動きは、オッフェンバック（1819～1880）作曲のオペレッタ《天国と地獄》（地獄のオルフェ）の中の有名な旋律です。急速なギャロップをわざと非常に遅いテンポにしてユーモラスな雰囲気を出しています。ただし、付けられた和声はもとになった舞曲よりもずっとデリケートで豊かなものです。

オッフェンバック作曲《天国と地獄》より

第5曲　ぞう

　原曲はコントラバスとピアノ。コントラバス独奏曲の定番となっている曲です。ぞうがワルツを踊っているような感じでしょうか。中間部にあたる21小節目からの左手の部分ではベルリオーズ作曲《ファウストの劫罰》から《空気の精の踊り》の一節が、29～32小節はメンデルスゾーンの《真夏の夜の夢》から軽快な《スケルツォ》がそれぞれ引用されています。重量級のぞうの曲に、あえて正反対の性質の音楽を混ぜたのが面白いところです。

ベルリオーズ作曲《空気の精の踊り》冒頭　（ヴァイオリン）

メンデルスゾーン作曲《スケルツォ》冒頭　（フルート）

第6曲　カンガルー

　原曲は2台のピアノが入れ替わりながら弾いていきます。タイトルも複数ですし、2匹のカンガルーがいると考えて良いのでしょう。ピョンピョンと跳ぶ動作と休む動作を繰り返します。

第7曲　水族館

　原曲の編成はフルート、グラス・ハーモニカ、2台のピアノと第1・第2ヴァイオリン、ヴィオラ、チェロ。水槽を泳ぐ魚たちを表しているのでしょう。後のラヴェル的な音感覚を先取りしているようにも思われます。

　9小節からのE音が支える半音階的下行について、まさにショパンだ、と指揮者のバーンスタインが言っています。同じ音群を21小節ではA音を低音に響かせるのは興味深い手法です。

第8曲　耳の長い登場人物

　原曲は第1ヴァイオリンと第2ヴァイオリンが交互に演奏します。高いハーモニックス音と最低弦の半音下降のみによっている珍しい音楽です。「耳の長い登場人物」とは多分「ろば」のことでしょう（ひょっとしたらウサギ？）。もしも人間を指すなら、ある種の音楽批評家たちを皮肉っているとも考えられます。原題は複数形です。

第9曲　森の奥に住むカッコウ

　原曲ではクラリネットと2台のピアノで演奏されます。ピアノの和音や音型がいくら変化してもカッコウは同じピッチ、同じリズムで鳴き続けます。こういうタイプの人が昔も今もいそうです。

第10曲　鳥かご

　動物園にあるような大きな鳥かごでしょうか。フルート、2台のピアノ、弦楽5部で演奏されます。

　たくさんのさまざまな鳥たちが軽やかに飛び回っている様子が色彩豊かに描かれています。

第11曲　ピアニスト

　原曲は2台のピアノと弦楽5部で演奏されます。退

屈な練習曲を半音ずつ上げながら4回繰り返し、次いで並行する3度音程の練習に移ります。努めて下手に弾くようにという作曲者による指示があります。

動物たちの中にピアニストを登場させるのはかなりきつい冗談です！下手なピアニストたちへの皮肉だとも言われていますが、初演でサン・サーンス自身も弾いていることから考えると、きっとカーニヴァル的にお客さんへの受けをねらって入れた曲なのでしょう。最後はト短調の半終止となり、そのまま次の曲につながります。

第12曲　化石

原曲はクラリネット、木琴、2台のピアノと弦楽5部。

何度も出る主旋律がサン・サーンス自身の交響詩《死の舞踏》（1874年）の一節（元々は3拍子）に由来するだけでなく、他にもいろいろな音楽が引用されます。日本で「キラキラ星」として知られる旋律、フランスの童謡《月の光》、ロッシーニのオペラ《セヴィリヤの理髪師》のロジーナのアリア、また、現在ほとんど忘れられてしまった音楽もあるようです。ただ、サン・サーンスはそれらの音楽を全部「化石」だと決めつけているのではなく、むしろ、例えば17小節からの反行形さえ含む模倣様式や「キラキラ星」をカノン風に導入するような書法が時代遅れだと言っているのではないかと私は考えています。

サン・サーンス作曲《死の舞踏》より　　（木琴）

ロッシーニ作曲《セヴィリャの理髪師》より　　（ソプラノ）

第13曲　白鳥

原曲はチェロと2台のピアノで演奏されます。この曲のみは作曲者の生前に出版されましたが、それが現在広く流布しているチェロとピアノ1台のための版だと思われます。

ひたすら美しく流れ、他の曲に漂いがちな皮肉っぽさが影をひそめているのは、依頼主のルブークが独奏するために書いたからでしょう。静かに波の立つ水面を孤高に泳ぐ姿はサン・サーンス自身が思い描く自画像、というのは考え過ぎでしょうか。

第14曲　終曲

原曲は今まで用いた全ての楽器で演奏されます（但し、フルートはピッコロに持ち替え）。

冒頭に第1曲のライオンの序奏が回想されるのをはじめ、《終曲》ではこれまでに紹介された動物たちが次々に登場します。駆け回るラバ、めんどりたち（その下に左手で現れる下行と上行の音型が「ぞう」を表すと考える人もいます）、カンガルー、耳の長い登場人物などです。ピアニストを強いて探せば78小節あたりの左手の音型があてはまりそうです。かめ、カッコウ、白鳥などが見つからないのは、きっと速いテンポに付いて来られなかったからでしょう。

●編曲への覚え書き

テクニック的には中級クラスの方がある程度練習すれば弾ける、というあたりで収めたいと考えました。ピアノ2手への編曲ではスコアの音全部を取り込むことがどうしても不可能な部分が生じますが、音楽の論理と構造は崩さないように心掛けました。同時に、手や指の運動、響きに注意を払い、ピアノ曲として弾く人も聴く人も楽しめる編曲を目指したつもりです。

上記の原則により、例えば以下のような処理もおこないました。

第2曲《めんどりとおんどり》、第8曲《耳の長い登場人物》等においては単音にオクターヴを加えるなどしています。両手の動きも敢えて多くしました。

第9曲《森の奥に住むカッコウ》はクラリネットによるカッコウの鳴き声に深みを与えるために、やはりオクターヴ下の音を重ねました。

第10曲の《鳥かご》は特に独奏ピアノへの編曲が困難な曲です。ここでは弦によるトレモロを分散和音に移したり、半音階によるパッセージの幅を少し狭めたりするなどの工夫により、オーケストラ的書法をピアノ固有のイディオムに翻訳することに努めました。

最も有名な第13曲《白鳥》では旋律を全体にオクターヴ上げてあります。この曲はヴァイオリンやフルートの独奏でもしばしば演奏されますが、それに近い処置です。

LE CARNAVAL DES ANIMAUX
Grande Fantasie Zoologique
《動物の謝肉祭》

1. Introduction et Marche royale du Lion
序奏とライオンの王の行進

Cecile Camille Saint-Saëns
Arr. for piano by Makoto Goto

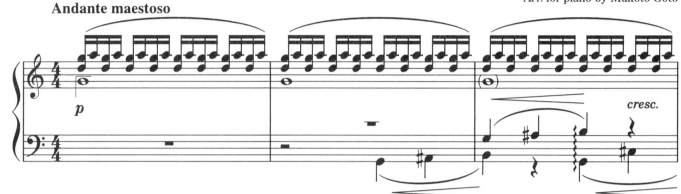

Allegro non troppo

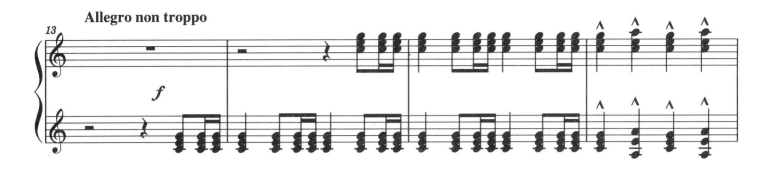

Più allegro

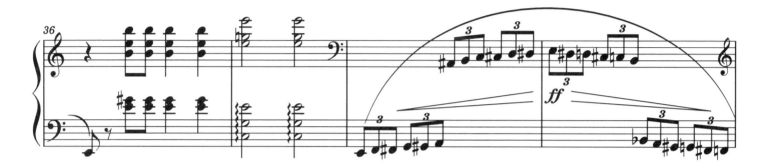

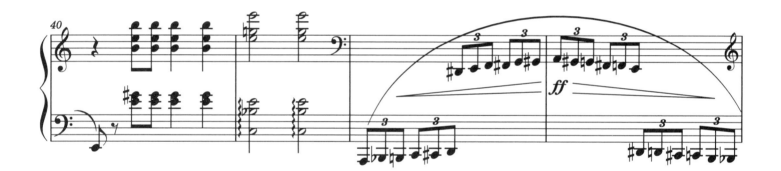

2. Poules et Coqs
めんどり と おんどり

Allegro moderato

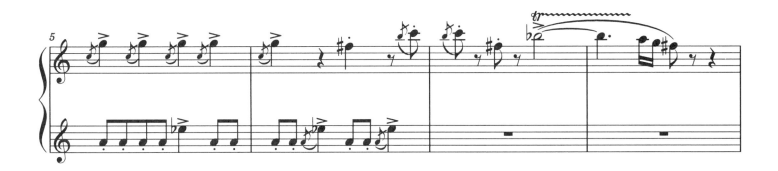

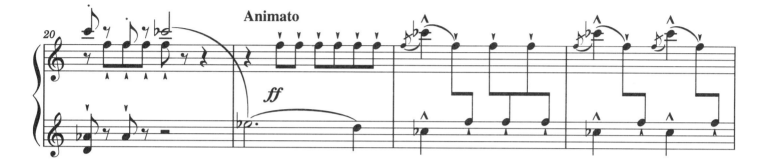

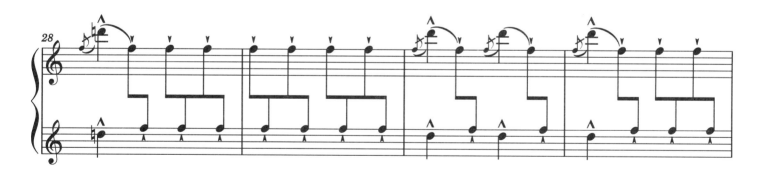

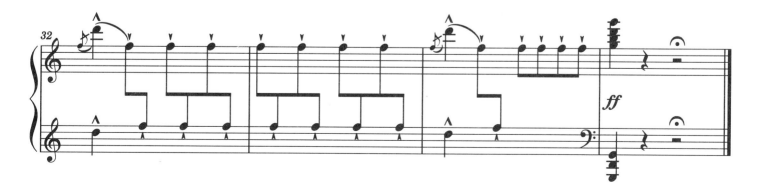

14

3. Hémiones
(Animaux Véloces)

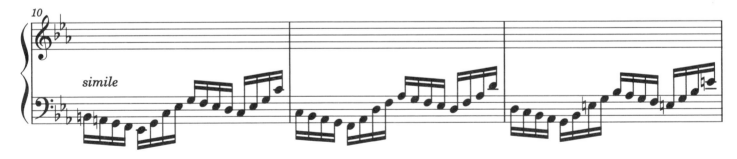

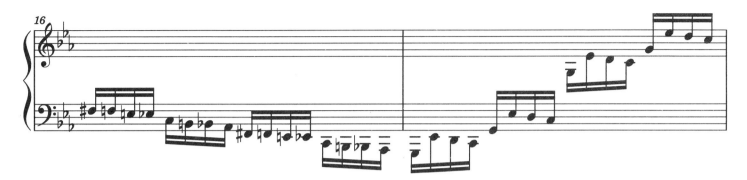

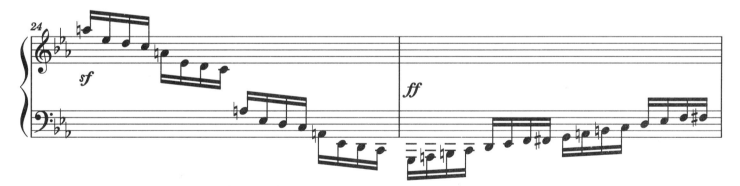

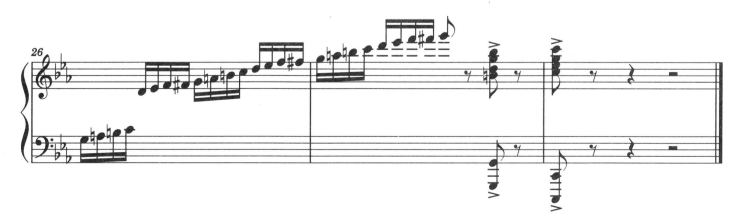

4. Tortues

かめ

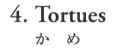

Andante maestoso

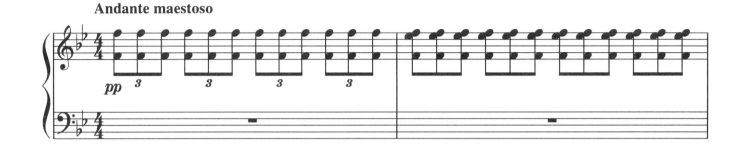

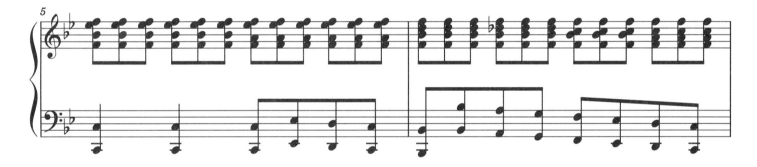

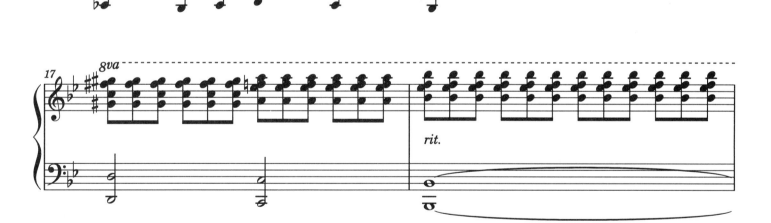

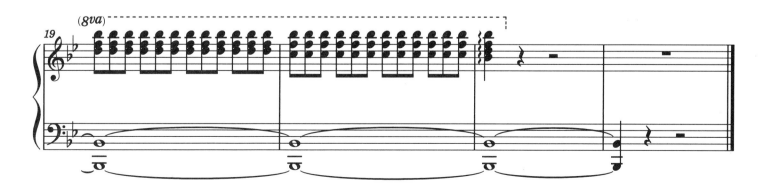

18

5. L'Éléphant
ぞ う

Allegretto pomposo

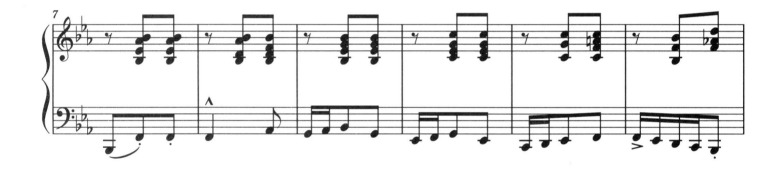

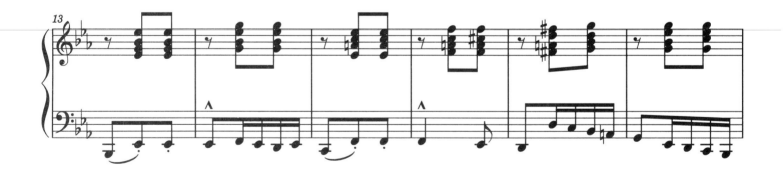

20

6. Kangourous

カンガルー

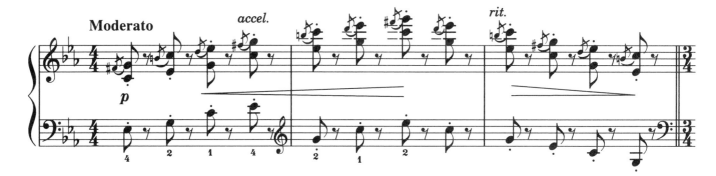

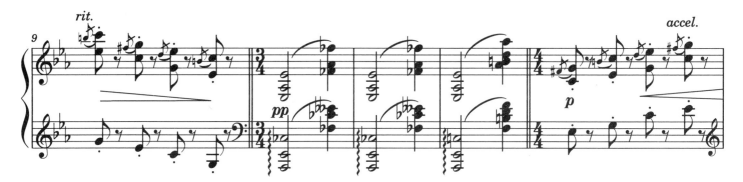

7. Aquarium

水族館

22

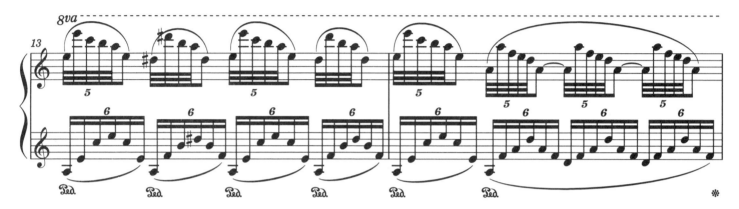

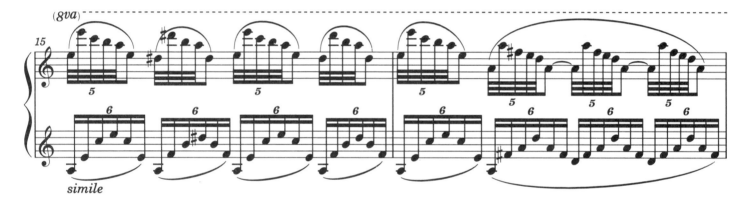

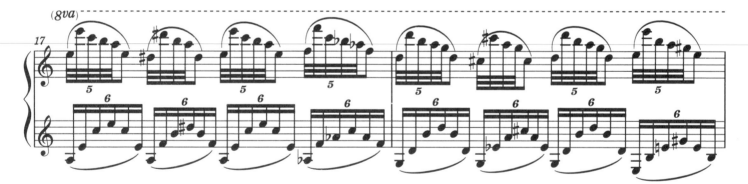

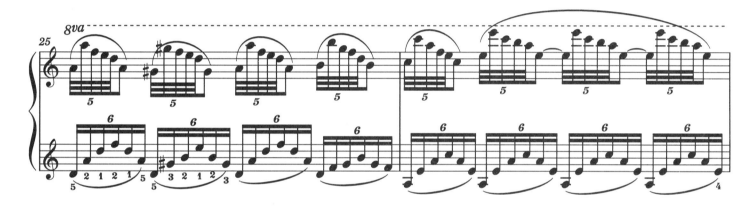

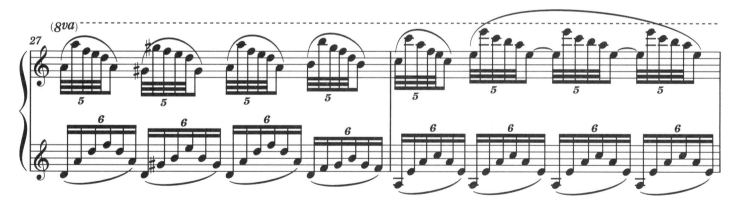

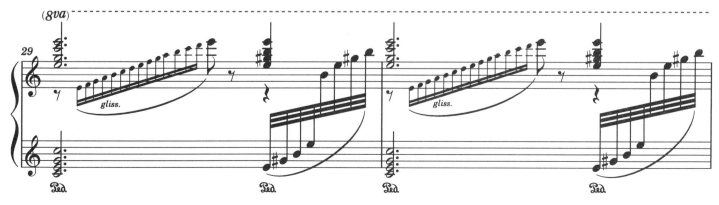

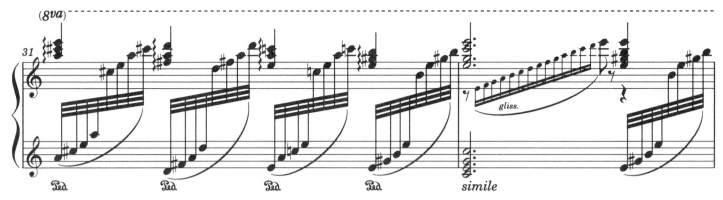

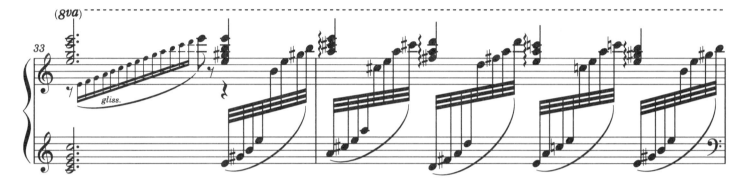

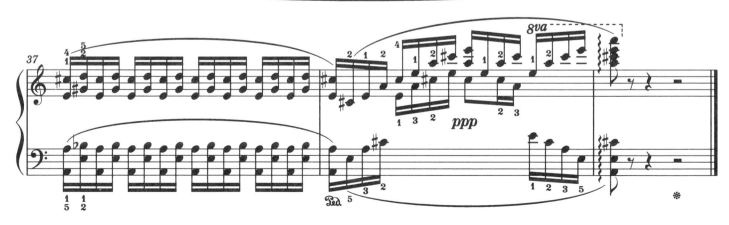

8. Personnages à longues oreilles

耳の長い登場人物

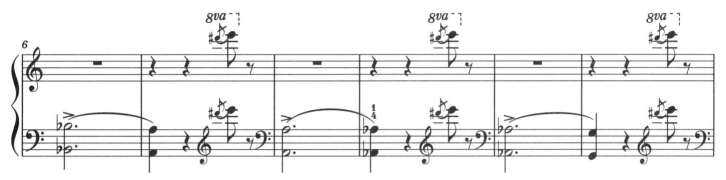

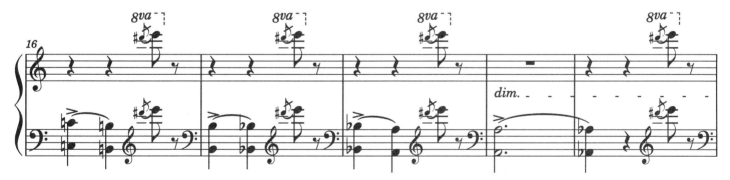

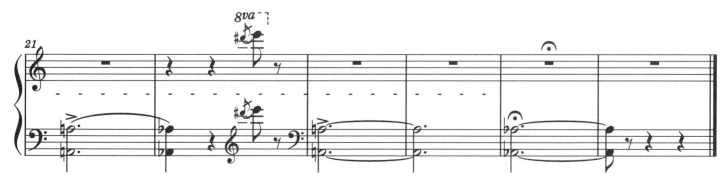

9. Le coucou au fond des bois

森の奥に住むカッコウ

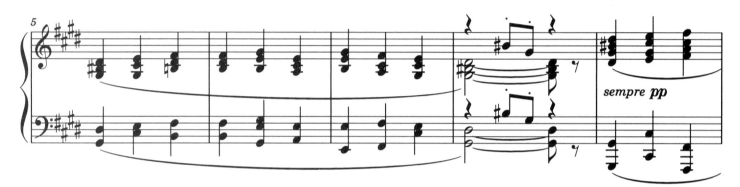

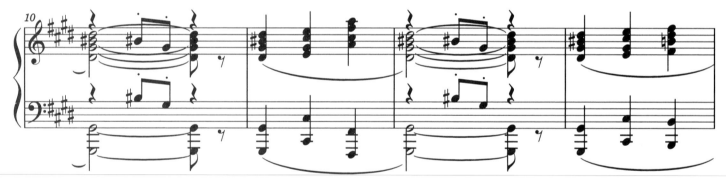

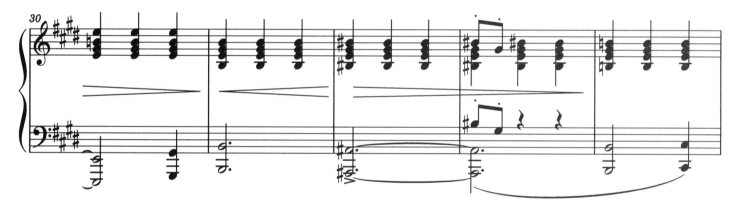

dim. sine al fine

10. Volière

鳥かご

Moderato grazioso

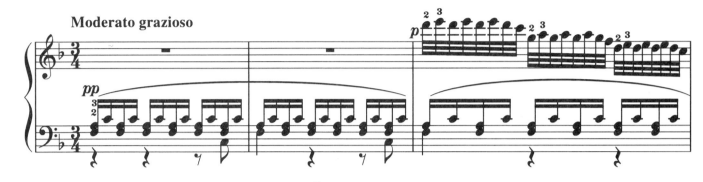

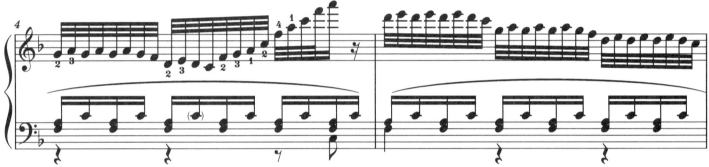

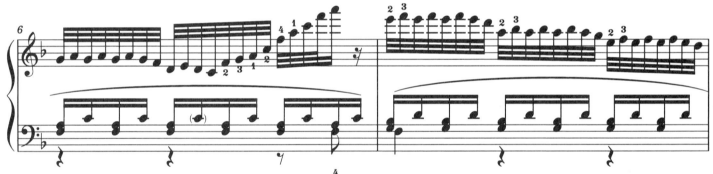

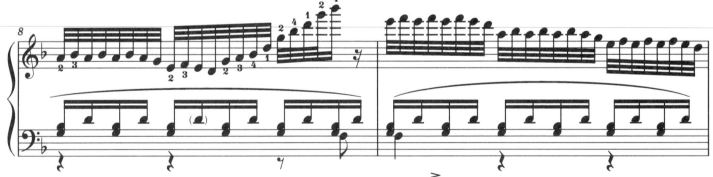

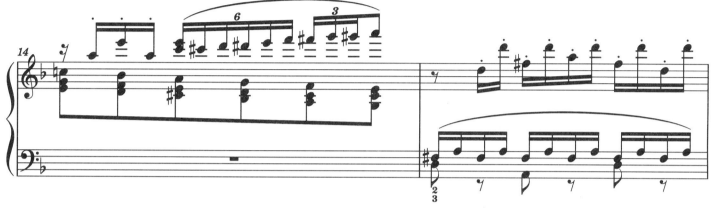

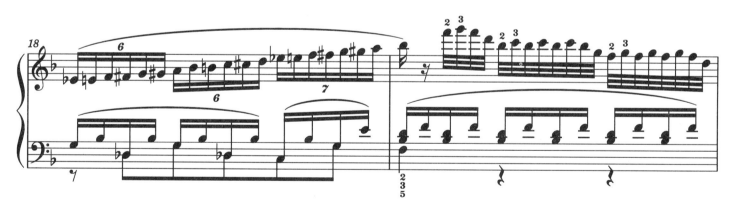

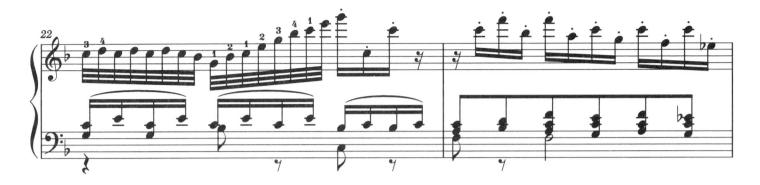

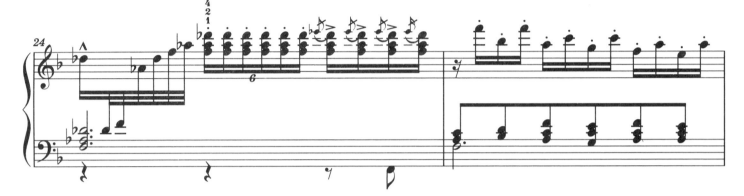

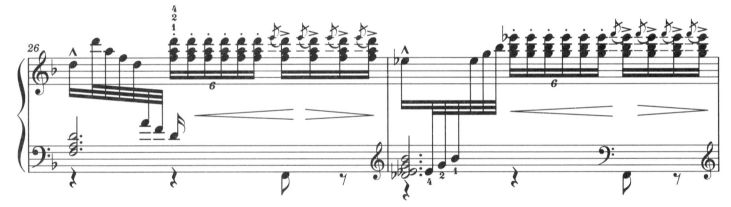

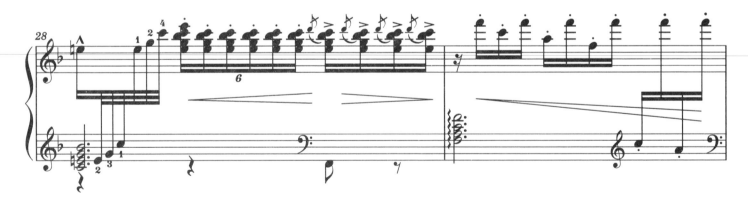

11. Pianistes
ピアニスト

Allegro moderato

＊）初心者のように努めて下手に演奏すること

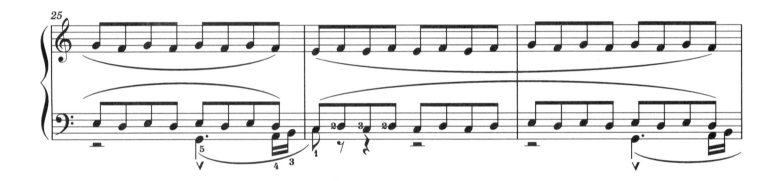

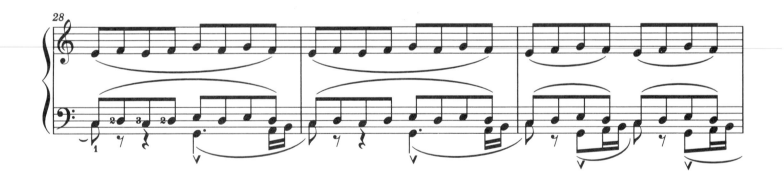

12. Fossiles
化 石

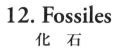

Allegro ridicolo

13. Le Cygne
白　鳥

Andantino grazioso

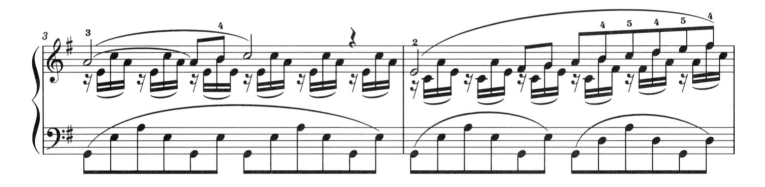

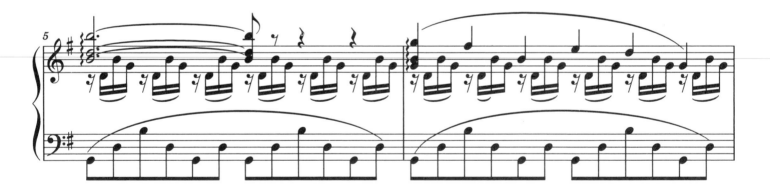

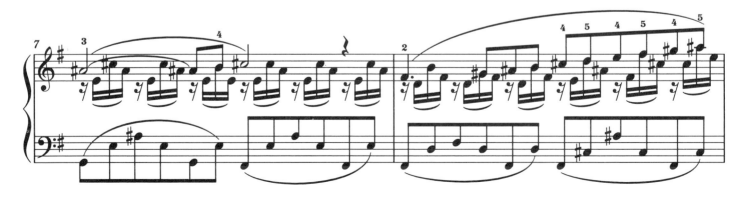

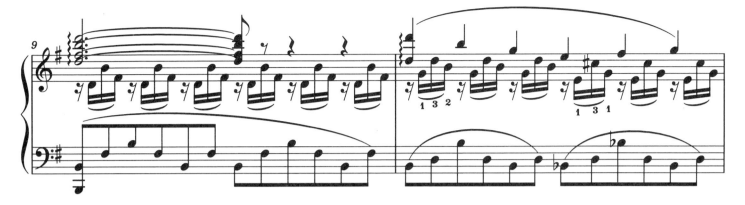

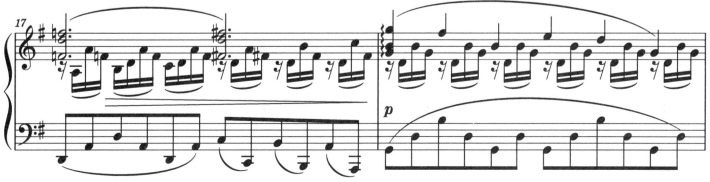

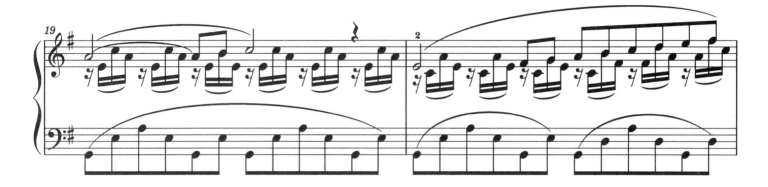

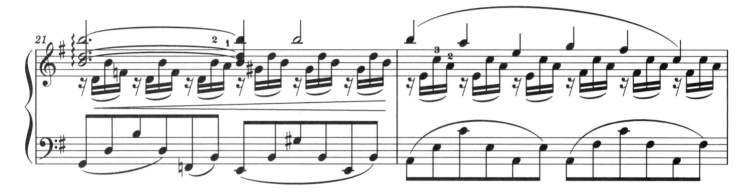

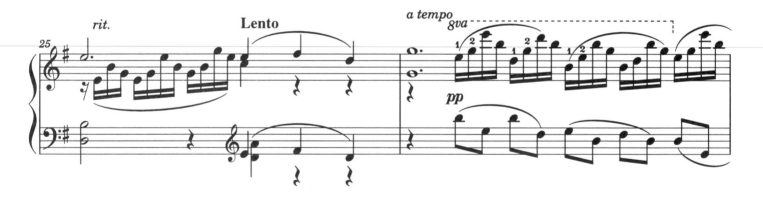

14. Final

終 曲

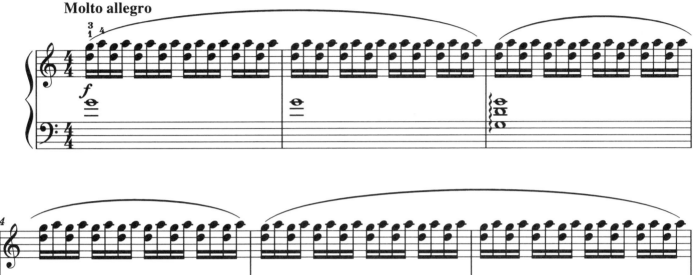

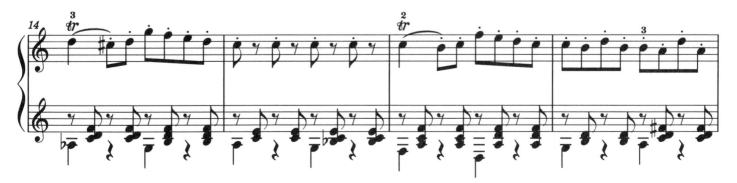

40

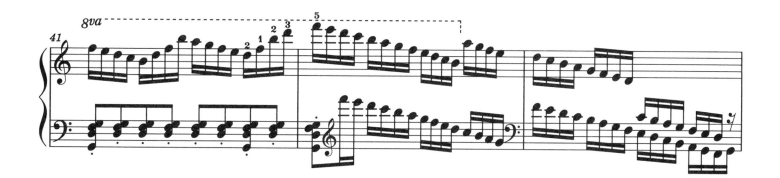

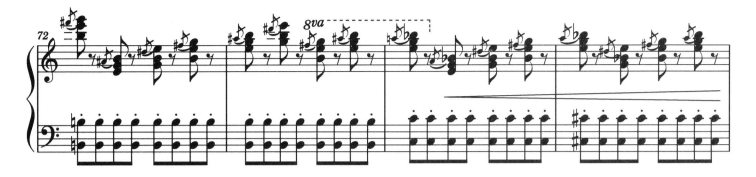

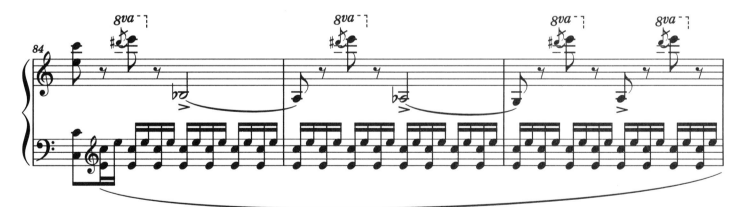

あとがき

　《動物の謝肉祭》はさまざまな意味において特異な作品と言えるでしょう。子供たちを夢中にするような愉しい音楽であると同時に、多くの引用等により、ユーモアのみならず当時の音楽界に対する批評や風刺も盛り込まれているようです。オーストリアで作曲、初演されたことを考えると、フランス国内では差し障りがあった作品なのかもしれません。

　ピアノ編曲の困難さで言えば、まず原曲の編成にすでに名人芸をも必要とする2台のピアノが含まれていること、また極端な小編成の曲も混じっていることが挙げられます。そのため2手ではなかなか弾き切れない曲や、逆にピアノ曲に移すにはあまりに音の薄い曲があり、いろいろと工夫を凝らす必要に迫られました。

　幸い、全音楽譜出版社出版部の若手の方々がこの作品の編曲に関心を寄せてくださり、本社において実際にピアノで弾いて議論したりしながら作業を進めることができました。

　出版部長の新居隆行さん、編集担当の渡邊裕子さん、および同僚の方々にこの場をお借りして感謝を申し上げます。

2009年4月　　　　後藤　丹

サン＝サーンス：動物の謝肉祭　　　●

編曲 ———————————————— 後藤　丹
第1版第1刷発行 ——————— 2009年5月15日
第1版第14刷発行 —————— 2022年8月25日
発行 ———————————— 株式会社全音楽譜出版社
　　————————— 東京都新宿区上落合2丁目13番3号〒161-0034
　　————————————— TEL・営業部03・3227-6270
　　———————————————— 出版部03・3227-6280
　　————————— URL　http://www.zen-on.co.jp/
　　————————— ISBN978-4-11-160261-2

2208005